Estevão Ribeiro

Guilhermina Não Gosta de "Não!"

EDITORA
NOVA
FRONTEIRA

EDITORA NOVA FRONTEIRA PARTICIPAÇÕES S.A.
Av. Rio Branco, 115 – Salas 1201 a 1205 – Centro – 20040-004
Rio de Janeiro – RJ – Brasil – Tel.: (21) 3882-8200

DIREÇÃO EDITORIAL
Daniele Cajueiro

EDITORA RESPONSÁVEL
Luana Luz de Freitas

PRODUÇÃO EDITORIAL
Adriana Torres - Laiane Flores - Beatriz Rodrigues - Tiago Velasco

REVISÃO
Carolina Rodrigues

CAPA, DIAGRAMAÇÃO E PROJETO GRÁFICO
Estevão Ribeiro

Dados Internacionais de Catalogação na Publicação (CIP)

R484g Ribeiro, Estevão

Guilhermina não gosta de "não"! / texto e ilustrações por Estevão Ribeiro. – Rio de Janeiro: Nova Fronteira, 2024.
36 p.: il.; 20,5 x 27,5 cm

ISBN: 978-65-5640-847-7

1. Literatura infantojuvenil. I. Título.

CDD: 028.5
CDU: 82-9

André Felipe de Moraes Queiroz – Bibliotecário – CRB-4/2242

Este livro foi impresso em 2025, pela Coan, para a Editora Nova Fronteira.
O papel do miolo é offset 120g/m² e o da capa é cartão 250g/m².

À Guilhermina Vitória, pela revolução que trouxe à minha vida; à Sofia Leonora, por ser tão compreensiva e parceira com Guilhermina, o verdadeiro significado da palavra irmã.

Nossa vida com Guilhermina...

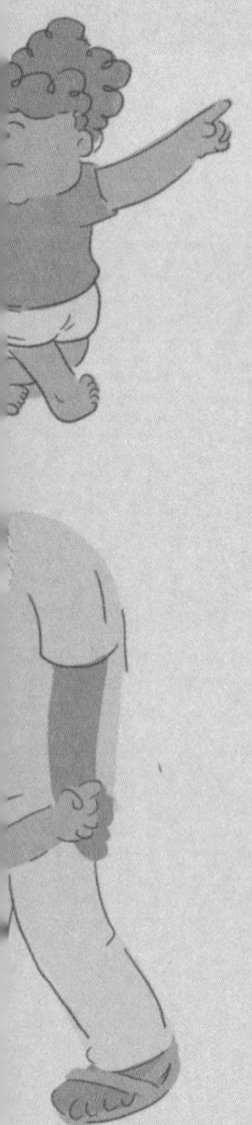

Guilhermina Vitória, ou simplesmente Mina, é uma menina que tem uma forma bem particular de se comunicar e reagir diante de algumas situações que podem ser vistas como simples para outras crianças.

Mina tem uma irmã gêmea não idêntica chamada Sofia e ambas apresentam TEA – Transtorno do Espectro Autista – desde os primeiros anos de idade. Enquanto Sofia tem mais facilidade de socialização, Guilhermina traz alguns tipos de esteriotipias, que são ações repetitivas ou ritualísticas vindas de movimento, postura ou fala.

Isso quer dizer que Guilhermina sabe das coisas, sabe o que quer fazer, o que gosta de fazer, o que tem que fazer mesmo não gostando, mas muitas vezes não sabe como expressar suas vontades de forma plena. Isso também faz com que seja mais difícil quantificar se o quanto ela sabe é compatível com sua idade – recém-completados 8 anos, momento no qual escrevo estas linhas, em agosto de 2024.

Com acompanhamento psicológico, pedagógico e outras terapias, como fonoaudiologia e musicoterapia, Mina vem aumentando o seu vocabulário.

Uma curiosidade da convivência com uma pessoa autista é a necessidade de se manter uma constância nas suas atividades.

Mina e Sofia encaram um desafio a mais no aprendizado por serem filhas de pai e mãe com guarda compartilhada, mas o amor envolvido na missão de dar às duas uma boa qualidade de vida fala mais alto.

Este é um pequeno registro de algumas coisas simples e memoráveis que Mina faz enquanto aprende sobre a vida, encontrando muito amor, muitos desafios, muitos "sim" e "não".

Mesmo que ela não goste de ouvir o "não".

Estevão Ribeiro
Pai de Guilhermina e Sofia

Guilhermina não gosta de "não".

QUANDO OUVE,
DÁ BELISCÃO!

MAS NÃO É
MÁ-CRIAÇÃO...

É QUE ELA NÃO SABE LIDAR COM A
FRUSTRAÇÃO.

GUILHERMINA ANTES NÃO FALAVA!

PARA PEDIR, PELA MÃO LEVAVA.

QUANDO NÃO ERA ENTENDIDA, SE DESREGULAVA...

ÁGUA!
ATÉ APRENDER A USAR A PALAVRA!

GUILHERMINA É UMA GRAÇA.

MAS DE VEZ EM QUANDO FAZ PIRRAÇA!

QUANDO NÃO PODE PASSEAR PELA PRAÇA...

DÁ GRITOS
DE ABALAR A
VIDRAÇA!

GUILHERMINA TEM SEU PRÓPRIO TEMPO DE APRENDER.

ALGUMAS COISAS ELA SABE LER!

A DIFICULDADE DELA É PARA ESCREVER.

MAS, COM AJUDA,
LOGO VAI DEIXAR
DE SER!

Guilhermina é tratada com muito carinho

PELO PAPAI,
PELA MAMÃE,
PELA VOVÓ E
PELO VIZINHO!

TODOS CUIDAM E
DÃO BRINQUEDINHO.

E, NO CAFÉ DA
TARDE, PÃO DE
QUEIJO DE LANCHINHO!

GUILHERMINA TEM SENSIBILIDADE.

TOCAR NO CABELO?
AH, QUANTA MALDADE!

JÁ, JÁ, VAI
PASSAR, QUERIDA!
FORÇA, GUILHERMINA!
AA

SEU GRITO É OUVIDO POR TODA A COMUNIDADE, QUE ENTENDE EM

SOLIDARIEDADE!

GUILHERMINA NÃO GOSTA DE "NÃO",
, MAS GOSTA DE PÃO,

DA IRMÃ, DO IRMÃO,
DA BABÁ, DA TITIA,
DE FICAR COM O
PÉ NO CHÃO.

GUILHERMINA ADORA UM “SIM”.

BALANÇA OS BRAÇOS,
FAZENDO ASSIM,

FELIZ EM UM
ESPAÇO DE AMOR SEM FIM,
ONDE CABE VOCÊ, ELA E A MIM.

Acervo pessoal

SOBRE GUILHERMINA VITÓRIA E ESTEVÃO RIBEIRO

Guilhermina Vitória Campos Rodrigues da Matta nasceu em agosto de 2016, junto de sua irmã **Sofia Leonora**. Adora piscina, empilhar e enfileirar coisas com a mãe – a escritora e historiadora **Ana Cristina Campos Rodrigues** –, ganhar carinhos do irmão **Miguel** e não dispensa um bom copo de suco, especialmente feito pelo pai.

Estevão da Matta Ribeiro nasceu em Vitória, Espírito Santo, em abril de 1979. É autor de livros e quadrinhos que somam 22 títulos até o momento. Entre os seus trabalhos de sucesso, estão a série de tirinhas ***Os Passarinhos***, a série de livros infantis e tirinhas da personagem preta e empoderada ***Rê Tinta*** e a recém-lançada série de livros ***Sofia e a Escola de Piratas***.

É roteirista audiovisual de projetos para canais como **GNT**, **Multishow**, **Amazon** e **HBO/Warner**, entre eles, ***Vovó Tatá***, série animada criada em conjunto com a **Raccord** para o **Gloobinho.** Mas, acima de tudo, é fã das gêmeas incríveis que tem o orgulho de chamar de filhas.